Les

Accidents du Travail

en Italie

Comment s'est posée, aux environs de 1880,
la question de leur réparation,

PAR

G.-E. ROSSY

DOCTEUR EN DROIT

COMMISSAIRE CONTRÔLEUR DES SOCIÉTÉS D'ASSURANCES

CONTRE LES ACCIDENTS DU TRAVAIL

PARIS

A. PEDONE, ÉDITEUR

13, Rue Soufflot, 13

1907

LES ACCIDENTS DU TRAVAIL
EN ITALIE

Comment s'est posée, aux environs de 1880, la question de leur réparation.

« A une époque où la législation sur les accidents du tra-
vail à peu près partout élaborée et, dans le plus grand nom-
bre des pays déjà amendée, n'appelle plus toutes les bonnes
volontés à une tâche constructive, il m'a semblé qu'il pouvait
n'être pas sans intérêt de publier telles qu'elles furent rédi-
gées, voici plusieurs années déjà, les quelques notes suivan-
tes, exclusivement consacrées à l'histoire de la législation
italienne en cette matière. »

La première recherche à diriger au seuil de toute étude
sur une législation nouvelle, modificative, est celle des ori-
gines de cette législation, une recherche historique par con-
séquent. Dans le cas particulier qui nous occupe, le problème à résoudre est le suivant : « déterminer quand et de
quelle façon la conscience publique a commencé à être im-
pressionnée en Italie par les accidents du travail ? » Cette
question comporte une réponse complexe. Cependant, une
indication d'ensemble peut être immédiatement présentée :
l'opinion n'a pas été émue en Italie par les mêmes accidents
qu'en Allemagne, par exemple, en Autriche, en Angleterre
ou en France, et les faits n'ont pas été de tous points les
mêmes, qui sollicitèrent ici et là, l'action du législateur.
Ainsi se vérifie déjà l'originalité de l'Italie et s'annoncent
certaines particularités de sa législation. Quelques mots sur
l'industrie italienne aux environs de 1880 (date des premières
propositions de réforme du droit en vigueur) vont nous con-
vaincre rapidement de l'exactitude de cette assertion.

*
* *

En 1880, il n'est pas vrai d'affirmer que l'industrie italienne n'existe pas, mais il est vrai de dire qu'elle en est encore à ses débuts et à la première phase de son développement. M. Luzzatti écrit sans doute à cette date à M. de Laveleye que les églogues virgiliennes ne sont plus de saison au-delà des Alpes, que son pays est un peuple moderne, avec une grosse dette, une forte armée et une unité à consolider par de grands travaux publics, mais il est forcé de reconnaître que trop souvent encore les soies lombardes vont à Lyon se transformer en étoffes, et que le coton d'Egypte ne revient en Italie qu'après avoir gagné l'Angleterre et deux fois traversé l'Océan. Avec les statistiques, même enseignement et mêmes constatations. On n'a d'instructives indications que sur un nombre assez restreint d'industries : (coton, laine, soie, lin, chanvre, huiles, papier...), et les documents publiés témoignent dans ces diverses branches, de la rareté des grands ateliers mettant en action une force motrice puissante et concentrant une grosse main-d'œuvre et d'importants capitaux. Le sol de l'Italie ne recèle point de houille ; les entreprises mécaniques y comptent (toujours à la même époque) 15.000 ouvriers ou à peu près ; les fabriques de papier, une vingtaine de mille ; les imprimeries, 30.000 ; les chiffres restant aussi faibles proportionnellement pour les industries qu'on peut appeler d'un mot, industries d'agglomération. C'est dire qu'il ne faut pas chercher, surtout dans la fréquence et la gravité des accidents dus aux formes nouvelles et aux moyens nouveaux de la grande production, la cause des premières émotions italiennes et du mouvement législatif qui en fut la conséquence. Ceux-ci, en effet, eurent pour origine les dangers d'exploitation d'un très vieux métier sicilien, l'extraction du *soufre*, en même temps que les catastrophes survenues dans les *carrières* et les travaux de *construction* au cours de la fièvre de bâtir qui sévit dans la péninsule de 1875 à 1885.

Quelques renseignements sont à cette place indispensables sur les conditions du travail et les résultats malheureux de l'activité humaine en Italie dans les trois grandes industries que nous venons d'énumérer.

*
* *

Quant aux dangers des *soufrières*, aucune contestation
n'est possible. Les mines de soufre ont leur grisou, leurs
phénomènes d'oxydation entraînant des désagrégations et des
ruptures; elles ont, en Sicile, une disposition inclinée, parfois
complètement redressée des couches, principe particulier de
péril et de difficultés. Elles réclament plus que toutes autres
une exploitation savamment ordonnée, prudemment conduite,
ouverte aux progrès et aux découvertes. Or, il est incontestable que les gisements italiens furent et sont encore dans la
situation la plus déplorable qu'on puisse imaginer. Un ré-
gime foncier suranné attribue en Sicile au propriétaire de la
surface la propriété du fonds et comme le sol est très mor-
celé, il s'ensuit un enchevêtrement de petits établissements,
sans grandes ressources les uns et les autres, et où les fils
empruntent à leurs pères les mêmes façons de procéder,
rudimentaires et peu productives. Le travail « a partito »
est le plus en usage : l'exploitant (propriétaire ou non) traite
avec un contremaître tâcheron. Celui-ci s'assure le concours
d'une certain nombre de mineurs (picconiere), secondés eux-
mêmes chacun par son équipe de « carusi », pour le trans-
port du minerai des galeries à la surface. Ce sont autant de
sous-entreprises (je passe sur leurs inconvénients économiques), poussant à un travail précipité, sans boisages et
sans remblais. De là, des chûtes de toits et des éboulements
fréquents. La profondeur des soufrières est de 100 mètres en
moyenne, quelques-unes cependant sont plus profondes
encore ; en règle générale, elles ne font usage ni les unes, ni
les autres de procédés d'aération artificielle : dans le cas de
dégagements subits de gaz sulfureux, les ouvriers se trou-
vent ainsi exposés à une asphyxie presque certaine. D'autres
dangers les menacent qui proviennent d'incendies déterminés
par un emploi imprudent de la poudre pour l'abatage des
roches, d'irruptions d'eau non combattues par un épuisement
à vapeur, d'autres causes multiples, la présence des « carusi » dans les chantiers (petits garçons et petites filles)
rendant chaque fois l'accident plus pénible et plus meur-
trier.

Chacune des mauvaises causes qui précèdent a sa répercussion particulière. Les petites entreprises essaient d'empiéter les unes sur les autres, ou d'écouler leurs eaux chez les voisins. Il en résulte des procès et des arrêts dans les exploitations. D'autres chômages étaient produits, à l'époque où nous nous plaçons (1880-1882) par une crise de surproduction évidemment due à l'ignorance des propriétaires, trop nombreux, et incapables au surplus, de toute entente, de toute action combinée.

Y a-t-il lieu de s'étonner après cela, dans cette industrie immobile, de profits très minimes et de salaires dérisoires ? Pour la prévention et la réparation des accidents, rien jamais n'avait été prélevé sur les premiers, et rien ne pouvait être prélevé sur les seconds. Un rapport des ingénieurs des mines italiens, affirme nettement qu'en 1883, il n'existait dans les soufrières de Sicile aucune caisse de secours proprement dite, aucune assurance organisée pour venir en aide aux victimes du travail ou à leurs familles. La mendicité, la misère étaient le sort ordinaire de ces malheureux.

On conçoit aisément en présence d'une telle situation, qu'une intervention réglementaire ou législative ait été jugée immédiatement nécessaire. Il s'agissait de porter remède à l'état de 25.000 ouvriers. L'efficacité de la mesure ne pouvait davantage être mise en doute. L'exemple fourni par d'autres solfatares, les solfatares des Romagnes, prouvait, en effet, la possibilité de diminuer le nombre des accidents, le résultat bienfaisant d'institutions de secours pour en atténuer les suites douloureuses, quelles qu'aient été l'exiguité et les faibles ressources de ces institutions.

*
* *

L'opinion et les pouvoirs publics italiens furent émus encore, savons-nous, par d'autres catastrophes, les accidents survenus, toujours vers la même époque, dans les *carrières* et les industries de *construction*. Celles-ci commandant l'activité de celles-là, voyons à la fois pour les unes et pour les autres quels furent ces accidents et sous l'influence de quelles causes ils se produisirent ?

M. Luzzatti nous a déjà laissé pressentir l'importance des

grands travaux commencés en Italie au lendemain de 1870. Il nous a dit en même temps dans quel but ils furent poursuivis. Le royaume venait de se constituer ; il lui fallait asseoir son unité politique et s'outiller économiquement. Des routes étaient à tracer, des chemins de fer et des canaux à relier ou à prolonger, des écoles, des tribunaux, des locaux pour les administrations diverses à édifier ou à aménager, des lignes télégraphiques à établir. A cette tâche, Etat, provinces, communes s'empressèrent. Les particuliers à leur tour et la spéculation se mêlèrent de construire. Rome devenue capitale voulut rivaliser avec Londres, Paris et Berlin, tandis que Milan, Turin. Gênes, Venise s'efforçaient de lutter avec elle. L'*Annuaire statistique* de 1881 enregistre 512.954 individus (hommes et femmes), occupés en 1879 à la « fabbricazione » et à la « manutenzione » des maisons et des routes. Or, nombre d'industries du bâtiment, les charrois et les travaux des chantiers, comptent parmi les professions les plus dangereuses ; personne ne conteste les risques courus par le couvreur par exemple, le puisatier, le conducteur de tombereaux, le ravaleur ou le fumiste ; ces dangers s'accroissent avec l'importance de l'entreprise, l'activité apportée à l'exécution des travaux, la présence sur les lieux de wagonnets ou de grues mécaniques. Mais il est un autre élément qui, dans les métiers qui précèdent plus que dans tous les autres, détermine les accidents et les multiplie, l'incompétence technique, et celui-ci joua en Italie un rôle prépondérant.

Sur les 512.000 ouvriers précédemment énumérés, la moitié peut-être était composée de paysans, que la terre italienne ne nourrissait plus, et que l'appât des salaires des villes avait attirés. Tout le monde à la campagne est plus ou moins terrassier, charpentier, maçon. Ces agriculteurs purent offrir leurs bras à l'industrie et les voir accepter. Les accidents devinrent plus nombreux. Comme la majorité d'entre eux étaient dûs à l'inexpérience de la victime, ils restèrent pour elle et pour sa famille sans réparation. Le triste spectacle que nous avons signalé pour les ouvriers des soufrières se renouvela, à Rome cette fois et dans les grandes villes de la péninsule, pour les « muratori » et les autres « braccianti » mutilés ou blessés. Il affecta de même façon.

Concurremment d'ailleurs, des causes de même ordre produisaient dans les carrières d'analogues résultats. Les seules statistiques exactement dressées ici dès 1880 sont celles des marbrières des Alpes Apuennes. Elles font ressortir dans ce groupe important, une moyenne annuelle de 3 morts et de 7 blessés pour 1.000 ouvriers occupés à l'abatage ou au maniement des roches. Plus graves étaient les risques du sciage des blocs et de leur conduite par chars à bœufs. Plus graves encore leurs dangers de chargement au chemin de fer d'intérêt local. D'une façon générale, l'exploitation de ces carrières et des autres (gisements de tuf, de pouzzolane...), laissait fort à désirer. Est-il besoin de préciser que tous règlements préventifs y faisaient défaut, — qu'elles ne possédaient point de postes médicaux et qu'aucune caisse d'établissement n'y fonctionnait, garantissant une indemnité aux blessés, assurant en cas de mort une prestation aux veuves, aux parents des victimes ou à leurs descendants.

Cependant, pour les ouvriers des carrières, du bâtiment et des travaux publics, il faut avouer (avant une crise de chômage particulièrement grave), des salaires relativement suffisants et signaler les efforts faits par plusieurs en vue d'atténuer les conséquences des maladies, des morte-saisons ou des accidents. Le peu d'efficacité de ces tentatives n'infirme en rien d'ailleurs les renseignements qui précèdent. Il explique au contraire, qu'en présence de l'impuissance reconnue des travailleurs les plus forts, on ait senti la nécessité d'agir, de faire quelque chose en faveur de tous.

La *Société générale ouvrière romaine* est la première association d'ouvriers qui ait constitué un service spécial pour la réparation des accidents du travail en 1876. Elle passe pour riche et bien dirigée. A quels résultats est-elle parvenue ? A encaisser dans une année de plein fonctionnement, 1.300 lires de cotisations, 325 de dons et legs, 1.100 d'intérêts patrimoniaux et à payer 820 lires de subsides et 1.367 de frais généraux.

Nous trouvons un bilan de même consistance pour l'*Association milanaise des ouvriers du bâtiment*. Pouvait-on songer après cela à laisser aux sociétés de secours mutuels le soin de subvenir aux besoins de leurs membres victimes d'accidents ? Evidemment non. Sans doute, les sociétés de secours mutuels en 1881 étaient déjà très nombreuses en Italie, mais la majorité d'entre elles ne constituaient que de minuscules associations communales, groupant de pauvres artisans de métiers différents, ne possédant en conséquence que d'infimes ressources. C'eût été folie que de les engager à pratiquer l'assurance contre les accidents, puisqu'il leur manquait, sans parler de la compétence technique de leurs directeurs, tous les éléments de bon fonctionnement de tout institut d'assurances.

Les mineurs malades ou blessés des solfatares de Sicile mouraient de faim, avons-nous vu. Les ouvriers des carrières et des travaux de construction, avec un salaire un peu plus élevé, restaient exposés au même sort en l'absence d'organisations de prévoyance impossibles à établir.

*
* *

L'Italie fut émue enfin, comme les autres nations européennes, par les accidents survenus dans ses quelques fabriques naissantes (aciéries, fonderies, grandes filatures, grands ateliers de tissage...), par les catastrophes de ses mines de plomb, de fer ou de lignite, et par les réflexions mêmes que suggéra le fonctionnement des établissements de secours de quelques-unes de ses grandes usines ou de ses grandes exploitations.

De façon générale, les ateliers italiens ne furent pas éprouvés plus rigoureusement que les ateliers similaires des pays avoisinants ; aux mains de capitalistes intelligents et presque tous de fondation récente, ils s'étaient outillés de machines modernes fabriquées à l'étranger (en Angleterre ou en Allemagne), perfectionnées et protégées dans leurs rouages dangereux. Mais rien ne peut empêcher d'une manière absolue l'éclatement d'une chaudière, l'explosion d'un appareil à gaz, la rupture d'une courroie, une négligence, une faute, un surmenage. Quelques désastres survinrent qui frappèrent des travailleurs réunis en nombre et dont la cause fortuite ou non dégagée laissa les victimes sans action contre l'entrepreneur, privées pour l'avenir de tout gain, de tout moyen de vie.

Pouvait-on parler de la possibilité pour l'ouvrier de

se constituer une épargne en vue précisément de ces éventualités fâcheuses ? Il faut pour ne point sourire devant cette objection ne pas connaître le taux moyen des salaires italiens, viser une hypothèse privilégiée (si le mot ici n'est pas une ironie), et ignorer au reste, en ces matières, l'inutilité de toute action isolée. Seuls, la grande compagnie ou le gros entrepreneur peuvent faire œuvre efficace en groupant de nombreux risques et en indemnisant les victimes avec le produit des versements de tous les associés. Quelques exploitations minières et quelques grandes usines italiennes l'avaient compris et s'étaient engagées dans cette voie dès 1880.

En principe, les caisses créées par ces établissements allouaient aux ouvriers malades ou blessés un secours journalier allant du quart à la totalité du salaire et versaient aux mutilés incapables de tout travail ou aux familles des morts une pension en vivres, quelquefois en argent, plus souvent une somme fixe, immédiatement liquidée. Pour leur initiative, ces sociétés et ces patrons ne manquèrent point d'être loués. Ils avaient fait œuvre d'éducateurs et ils réussissaient à rendre moins aiguës quelques souffrances. On put vanter leur philanthropie et regretter que les conditions techniques de la prospérité des caisses d'assurance ne permît point l'expansion illimitée de ces institutions.

Cependant, lorsqu'on examina leur mécanisme, d'autres observations s'imposèrent. On constata que neuf fois sur dix, les ouvriers seuls faisaient face aux dépenses de garantie. Sur leur maigre paie hebdomadaire ou mensuelle, les patrons prélevaient 3, 4, 5 % ou davantage. Sans qu'on pût déterminer un chiffre exact, on reconnut que les accidents les plus nombreux venaient d'événements fortuits ou de cas de force majeure. On se demanda dès lors, discernant la part de l'industrie moderne dans ces malheurs nouveaux, si l'absence de toute contribution patronale pour les accidents de cause inconnue était naturelle, équitable, et déjà quelques doutes s'élevèrent.

Par ailleurs, de véritables abus furent signalés : quand l'accident a pour origine la faute du patron, selon la loi, il donne droit à une réparation au profit de l'ouvrier, réparation dont le montant théorique doit compenser l'entier préjudice souffert. Les caisses d'établissements furent accusées ici de paralyser l'action des ouvriers. Aux blessés victimes du fait du patron, elles offraient comme aux autres, le faible secours statutaire, pas davantage, et ceux-ci bien souvent s'en contentaient, faibles contre la puissance de l'entreprise, ignorants des textes, paralysés dans leurs moyens de preuve, redoutant un échec qui pour eux eût été un désastre.

Ainsi, partout en Italie, la situation des ouvriers frappés au travail se manifestait lamentable. Sur 2.000.000 d'individus exposés aux dangers de l'industrie, 50.000 tout au plus étaient protégés et de la façon que nous venons d'indiquer. Les autres avaient pour toute ressource la vieille action de la loi romaine, la seule garantie du droit.

*
* *

Nous allons préciser son insuffisance en rappelant d'un mot son principe étroit ; des impossibilités de fait, d'ailleurs, venaient encore aggraver ses difficultés et restreindre ses limites. L'article 1151 du Code de 1866 que les tribunaux italiens jugeaient en 1880, sans hésitation, seul applicable aux accidents du travail reproduit presque textuellement notre article 1382. Il suivait de là qu'il fallait une faute de l'entrepreneur ou de ses préposés pour que l'ouvrier blessé ou les héritiers de la victime pussent exercer contre le premier l'action en responsabilité. La formule, sans doute, était assez précise (art. 1152) pour comprendre la négligence, le fait imprudent : *In lege Aquilia et culpa levissima venit.* En toute hypothèse au moins un acte imputable au patron était-il nécessaire. L'événement de force majeure, le cas fortuit, selon la tradition, restaient à la charge de celui qu'ils atteignaient. Et nous savons déjà que dans l'atelier, dans la grande usine ces causes sont les plus fréquentes. Une autre lacune de la législation, lacune non moins grave, résultait de la difficulté de mettre la loi en œuvre. Un principe élémentaire de procédure impose à tout demandeur la preuve du fondement de son droit. Cette règle sage en soi se trouvait dans la réalité faire à l'ouvrier de l'industrie moderne une situation intolérable. Pouvait-il articuler des faits précis et pertinents, établir la relation entre la faute du patron et sa propre blessure, celui, qui frappé subitement, relevé inanimé,

transporté à l'hôpital ne savait point le plus souvent au
moment de saisir la justice comment il avait été atteint ! Le
chantier incendié, bouleversé, réédifié peut-être ne laissait
subsister aucune trace du fait délictueux du patron. Les
témoins étaient des contremaîtres, des camarades de travail,
blessés du même coup, aussi peu renseignés eux-mêmes ou
empêchés de parler par la crainte d'un renvoi, si, en disant
la vérité, ils accusaient l'entrepreneur. Laissons les lenteurs
et les frais de la procédure, les enquêtes et les expertises con-
fiées le plus souvent à des techniciens soucieux de ne point
mécontenter le fabricant ou la compagnie, les faibles ressources des victimes... Cette série de considérations aug-
mentait d'accidents véritablement fautifs la liste trop longue
des malheurs fortuits non indemnisés. Pour continuer à être
employé, l'estropié renonçait ordinairement à intenter son
action. Ceux, cependant, qui plaidaient et gagnaient leur
procès avaient à craindre encore un nouvel écueil, l'insolva-
bilité de leur débiteur. Et cette cause, avec le peu d'importance de la majorité des entreprises explique largement le
petit nombre des contestations sur accidents en Italie. La
répugnance de la jurisprudence à assimiler la faute du cama-
rade à la faute du préposé (art. 1153, al. 4), restreignait à
nouveau le champ d'action de l'ouvrier. Moins de 20 % des
blessures, à raison de leur origine, ouvraient légalement la
voie judiciaire et réellement la proportion était beaucoup
plus faible encore des contestations portées à la barre et se
terminant par le paiement effectif d'une indemnité.

*
* *

En présence de la situation de fait que nous connaissons
et de l'état du droit que nous venons de rapporter, nous
avons à donner les raisons non pas certes de l'indifférence
de l'opinion et des pouvoirs publics en Italie en matière
d'accidents du travail, mais de leur longanimité, de leur
action si tardive ? Ces raisons sont multiples et plusieurs
d'entre elles sont générales. Nous avons à nous attacher aux
motifs de retard le plus proprement italiens.

M. Lavollée, parlant en 1886, des différentes lois ouvrières
à l'étude ou déjà votées en Italie, signalait d'un mot, entre

autres causes des lenteurs du Parlement, l'influence des idées libérales de Cavour et des hommes d'Etat piémontais. Ces idées, il est incontestable, dominaient à la Chambre et au Sénat. Or, les économistes classiques répugnent à laisser l'Etat intervenir, bien davantage à provoquer son intervention dans les rapports entre le travail et le capital, et craignent, par toute réglementation, d'apporter une gêne à l'exercice de l'industrie. S'ils ne sont pas insensibles, on peut affirmer en un certain sens qu'ils sont indifférents. Tant donc que les législateurs italiens subirent l'influence de l'école anglaise, on conçoit qu'en matière d'accidents, comme en toutes autres matières de même ordre, ils aient été disposés à s'abstenir.

Une autre cause d'inaction plus décisive celle-là et de nature toute technique doit être recherchée dans l'absence de documents précis recueillis et publiés — en 1880 — sur les accidents industriels. L'*Annuaire statistique* donne bien régulièrement le chiffre des morts violentes, mais sans spécifier et distinguer. Quelques renseignements sur les accidents des mines, partiels eux-mêmes et incomplets, quelques autres sur les catastrophes des carrières, pour tel établissement ou pour telle usine modèles, une communication du patron ou du directeur sont seuls venus s'y ajouter. On ne connaît point et il semble même qu'on ne pressente pas exactement l'étendue du mal. Un exemple entre dix. A Milan, en 1883, fut constitué un *Patronat* ayant pour but la diffusion de l'assurance. Publiant, en 1885, leur rapport sur les accidents survenus dans la province au cours des deux années précédentes, les directeurs du Patronat avouent à la première page de leur travail qu'ils ont marché de surprise en surprise et qu'ils ont été fort étonnés de trouver en dehors de l'industrie du bâtiment et dans des métiers qu'ils ne soupçonnaient point, un important contingent de risques. Nous pouvons ajouter que les quelques indications ci-dessus données sur les conditions du travail, sur leurs résultats, sur les salaires... sont empruntées pour la majeure partie à des publications italiennes postérieures en date, ou à des chiffres approximatifs naguère adressés par des agents consulaires étrangers à leurs propres gouvernements. Le Ministère de l'agriculture, de l'industrie et du commerce italien devait avoir besoin de plusieurs années pour mener à bonne fin ses enquêtes et vaincre des difficultés et des résistances auxquelles il ne manqua point de se heurter.

A côté de cette ignorance du nombre exact et de la fréquence des accidents pour la presque totalité des métiers, il faut retenir d'autres considérations. Les premières touchent la localisation des industries italiennes les plus dangereuses et leur non-transformation au cours de ce siècle. C'est un fait, par exemple, que les solfatares sont groupées en Sicile, partant fort éloignées de Rome, et demeurent exploitées en 1880 comme elles l'étaient trois cents ans auparavant. L'indolence des habitants, leur misère, leur résignation devant des accidents aujourd'hui les mêmes que les accidents d'autrefois, pas plus nombreux que ceux qui frappaient leurs devanciers, peuvent expliquer, en quelque mesure, devant des maux moins inattendus, des plaintes moins irritées. L'éloignement de la Sicile, les caractères très tranchés qui séparent l'Italie du sud et l'Italie des îles de l'Italie du nord sont une autre raison possible d'une moindre émotion dans la capitale.

Avec les considérations financières nous abordons un terrain nouveau et plus résistant. En 1880, le soufre produit en trop grande quantité ne se vend plus ; l'industrie de la construction des machines née d'hier décline sous la concurrence anglaise, française et belge ; le nombre des métiers à travailler la soie est moindre à Côme et ailleurs qu'en 1870 ; de façon générale, la situation économique commence à se manifester mauvaise. On comprend nettement qu'une réparation plus étendue, moins dérisoire des accidents frappant les ouvriers, entraînera une plus ou moins lourde charge pour l'industrie, et les patrons intéressés affirment qu'ils n'en peuvent supporter aucune : la masse des ouvriers, disent-ils, a tout à gagner au maintien de l'état des choses. L'exemple des pays voisins n'existe point encore ou n'apporte aucun encouragement. Les novateurs ont peine à répondre avec leurs arguments d'humanité et de sentiment aux affirmations utilitaires que de tous côtés on leur oppose.

Il faut confesser d'ailleurs, sans les accuser — que les ouvriers ne surent point d'abord soutenir leurs défenseurs. Le travailleur italien paisible, sobre, habitué à souffrir, ignorant et timide, mit un assez long temps à prendre conscience de sa force, à vouloir être instruit de ses droits, à tendre vers une situation matérielle meilleure, à vaincre les obstacles qu'une législation autoritaire lui opposait. En 1880, les ouvriers italiens ne peuvent point encore librement se mettre en grève et l'article 386 du Code pénal punit d'emprisonnement les coalitions. Les intéressés paraissent dans leur grande masse assez peu s'en émouvoir. Leur isolement, absolu au Sud, réel, même au Nord, leur inorganisation, l'absence au Parlement d'une représentation ouvrière renseignée, et soucieuse véritablement de l'intérêt de ses mandants, rendent compte pareillement des abstentions signalées. D'ailleurs, nous en sommes dans les grandes fabriques à la période d'exaltation. Au début de tout développement industriel, en tout pays, se place une phase où sévit l'ivresse du travail producteur, où l'homme a-t-on dit, se sent tout fier d'être un créateur de richesses et passe sur la dureté des fatigues quotidiennes, sur les dangers qui le menacent et sur les maux qui peuvent l'atteindre. Des Italiens eurent cette fougue et cet orgueil, prêts momentanément à repousser toute entrave à leur libre activité. En ces idées, les patrons les affermirent.

La généralité de l'œuvre d'intervention à entreprendre pouvait elle-même donner à hésiter aux amis des ouvriers. Avant de viser à réparer les accidents, il convenait, semblait-il, de les prévenir. Mais organiser la prévention n'était pas une chose facile. On devait mettre en œuvre l'autorité des préfets, des ingénieurs, contraindre et punir, voter des lois sur la surveillance des chaudières à vapeur, par exemple, sur la limitation de la durée du travail des femmes, des enfants, voire des hommes adultes, ne fût-ce que pour écarter les causes d'accidents dus à la trop grande fatigue, agir de telle façon ici, de telle autre là. Ces buts atteints ou poursuivis, demeurait toujours non résolu le gros problème de la réparation. Comment procéder sur cet autre terrain ? Par une extension de l'article 1151, en indemnisant l'accident produit par cas fortuit ou par force majeure comme l'acci-

dent délictueux ? C'était, semblait-il, se prononcer arbitrai-
rement et s'insurger contre tous les principes et toutes les
traditions. Quelques-uns commençaient à envisager qu'il
suffirait peut-être de déplacer la charge de la preuve. Enfin,
une troisième opinion prétendait laisser tout à l'initiative et
à la prévoyance ouvrières, en les encourageant sans doute, en
les aidant au besoin, mais il lui paraissait que les sociétés de
secours mutuels si répandues et si vivaces dans la péninsule
pourraient lutter avec succès contre les malheurs nouveaux
qu'apportaient avec eux les progrès de la production. Puis, il
ne suffisait pas de décréter la garantie : il fallait l'organiser.
Par où commencer ? que faire ? et comment faire ? étaient
autant de questions différemment posées et dont au surplus
on apercevait mal la solution.

Il faut ajouter que l'Italie en dépit des prétentions un peu
universelles de sa politique unitaire restait un pays à consti-
tution agricole prépondérante. La terre déjà cruellement
éprouvée détournait vers elle l'attention des esprits, le concours de toutes les bonnes volontés, les mesures de protec-
tion et tous les sacrifices. Nombre de ses défenseurs trou-
vaient déplacé, tout au moins prématuré, le zèle des promo-
teurs d'une législation industrielle. De là, pour ceux-ci de
nouvelles entraves et d'autres difficultés.

Encore, n'avons-nous point signalé la raison décisive :
l'absence en Italie du moyen d'amélioration fonctionnant,
apprécié et donnant des résultats. En 1880, il n'existe point,
à vrai dire, d'*assurance* italienne contre les accidents du travail. Les quelques polices souscrites dans leur intérêt propre, autant que dans celui de leurs ouvriers par de rares
entrepreneurs intelligents sont passées avec des agents de
sociétés étrangères. Les capitaux nationaux n'étant point
engagés ne font aucune propagande. Les bienfaits de l'assurance appliquée aux malheurs industriels restent ainsi peu
connus ou même sont contestés. Les primes demandées du
dehors sont élevées à raison de la nature des risques, de
l'éloignement, du petit nombre des contrats obtenus, de
l'agencement des ateliers, de l'insuffisance des données statistiques... On s'attache à cette cherté pour en tirer une fin

de non-recevoir décisive. L'exemple, en somme, faisant défaut, tous ne voient pas que l'assurance seule et l'assurance scientifiquement organisée doit être au point de départ et au point d'arrivée du problème qu'on pose et qu'on voudrait résoudre. Les conséquences seront graves. En dépit d'une intelligente initiative et pour n'avoir pas saisi les conditions inéluctables du bon fonctionnement de toute assurance, longtemps, en Italie, on s'abusera sur les forces des mutualités de secours pour réparer les accidents et l'œuvre entreprise sera retardée d'autant.

*
* *

Cependant, les faits devenaient chaque jour plus nombreux qui poussaient à agir et sollicitaient les bonnes volontés. Leur pression fut irrésistible parce qu'elle se manifesta de tous les côtés à la fois. De façon plus précise, on commença à être renseigné sur l'étendue des accidents du travail. Dans un autre ordre d'idées doivent être signalés certains voisinages, diverses influences économiques ou politiques. Avec le percement du Gothard les relations étaient devenues fréquentes entre les grands centres industriels de Turin, de Gênes, de Milan et les cantons suisses. Or, en 1882, depuis plusieurs années déjà, la Suisse a essayé de résoudre le problème des accidents et voté des lois dérogeant au droit commun pour rendre meilleure la situation des ouvriers blessés. De pareilles préoccupations sont en Allemagne à l'ordre du jour, où de plus en plus le gouvernement italien va chercher ses inspirations et ses exemples.

En Italie, comme presque partout en Europe, l'industrie avait commencé par s'associer à la culture du sol, à la vie de famille, à plus d'une habitude patriarcale. Dans les provinces du Nord, nous en sommes maintenant à l'époque où le perfectionnement des agents mécaniques, la nécessité de grouper les ouvriers auprès du moteur mettent fin à cet état transitoire, à ces formes mixtes d'activité. L'ouvrier lombard, vénitien, gênois, se distingue de l'ancien travailleur des champs ou de l'artisan de transition. Il commence à avoir ses instincts, ses passions, ses idées, ses besoins, ses coutumes.

Condamné par le rôle actuel du capital dans l'industrie à demeurer ouvrier toute sa vie, il voudra bientôt tout au moins que sa condition moralement et matériellement s'améliore.

Rappelons que l'Italie intellectuelle, moins occupée de droit constitutionnel, s'intéresse aux grands problèmes sociaux. La réaction par toute l'Europe se manifeste très vive contre certains systèmes et certaines théories. De nombreux esprits en Italie accueillent avec enthousiasme les idées nouvelles de solidarité nationale, la conception de l'impôt compensateur, les affirmations évolutionnistes sur le rôle de l'État dans les sociétés modernes. On se préoccupe de la question et des revendications ouvrières, et l'on s'inquiète des remèdes ou des solutions à y apporter. Les solutions, sans cesser d'être des solutions de justice, veulent être en même temps des solutions d'équité, et c'est en prêtant l'oreille aux souffrances, aux griefs des travailleurs qu'on aborde le gros problème des accidents de l'industrie.

*
* *

Nous avons montré l'essentielle lacune à combler en indiquant qu'en 1882 l'assurance-accidents était sans fondement et sans application en Italie. C'est de ce côté que porta le premier effort utile, et ce fut l'initiative privée qui le donna. Les caisses d'épargne italiennes ont une autonomie, possèdent pour l'emploi de leurs fonds une liberté, sont animées d'intentions charitables que les Italiens se plaisent à célébrer et que les pays voisins justement leur envient. Le 19 février 1883, sept de ces caisses et trois banques provinciales résolurent de coopérer pour doter leur pays d'un vaste établissement d'assurance qui fût en quelque sorte un institut modèle, éloigné de tout but de lucre, organisé pour réaliser l'assurance au prix coûtant et qui permît de donner enfin quelque réalité pratique aux divers projets sur les accidents de l'industrie. Ainsi fut créée la *Caisse Nationale d'assurance contre les accidents*, dont le rôle immédiat fut d'atténuer les conséquences des lenteurs du Parlement, auquel, en effet, quinze ans furent nécessaires pour élaborer la législation nouvelle impatiemment attendue.

www.ingramcontent.com/pod-product-compliance
Lightning Source LLC
Chambersburg PA
CBHW071642030726
47598CB00005B/1976